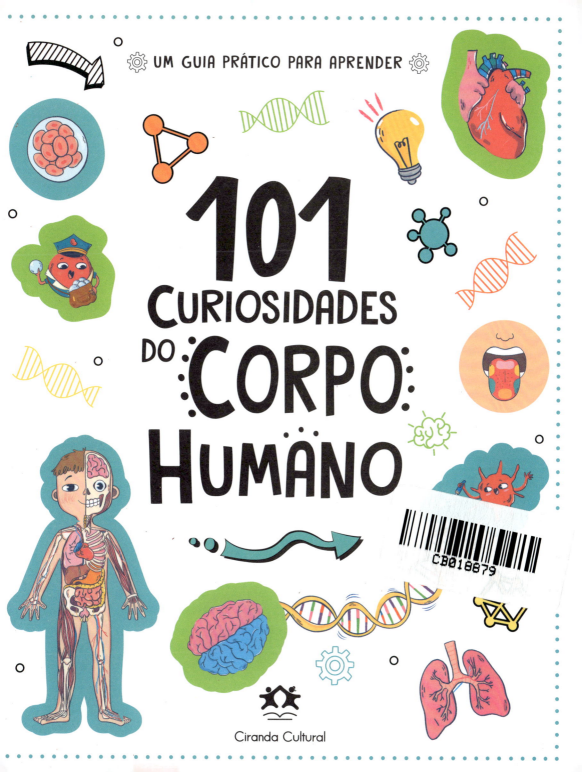

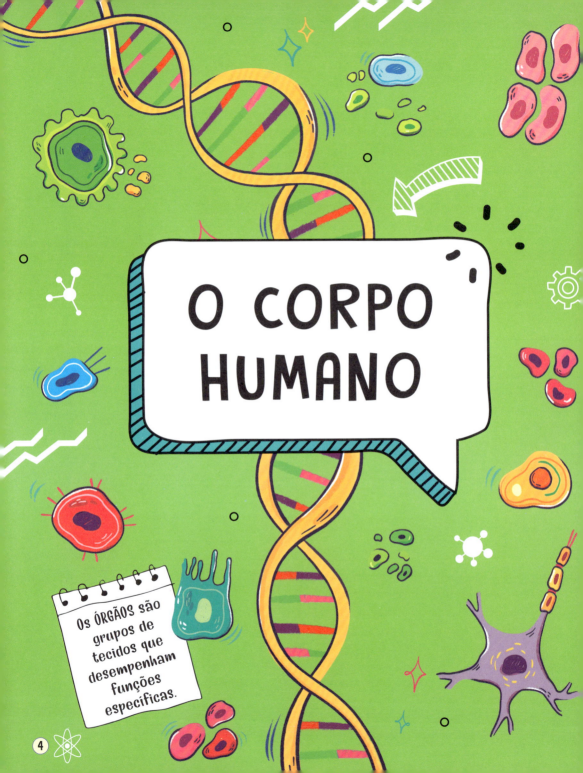

A PELE

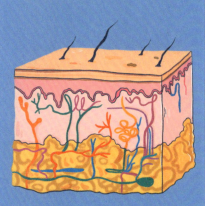

A pele é a parte externa do nosso corpo. Ela nos **protege e percebe todos os tipos de sensações**, como o calor e o frio.

O SISTEMA NERVOSO

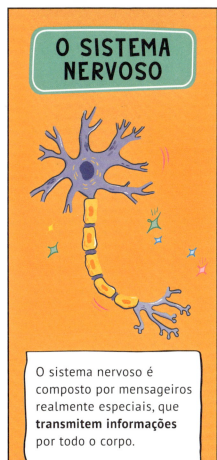

O sistema nervoso é composto por mensageiros realmente especiais, que **transmitem informações** por todo o corpo.

OS PULMÕES

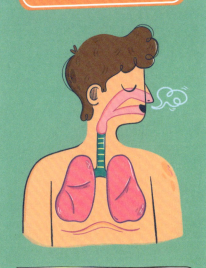

Os pulmões são os órgãos **que nos permitem respirar.** Eles levam ar fresco para o nosso corpo, dando-nos energia para viver.

OS OSSOS

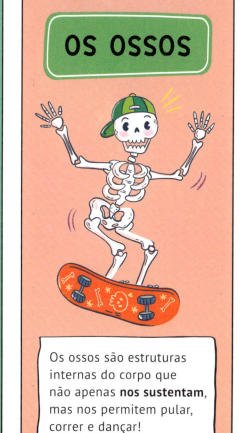

Os ossos são estruturas internas do corpo que não apenas **nos sustentam**, mas nos permitem pular, correr e dançar!

O CORPO HUMANO

O CORAÇÃO

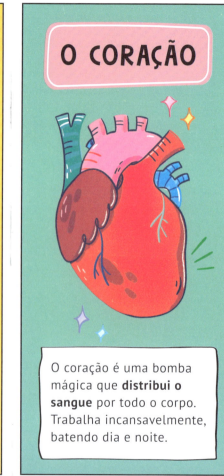

O coração é uma bomba mágica que **distribui o sangue** por todo o corpo. Trabalha incansavelmente, batendo dia e noite.

O SISTEMA DIGESTIVO

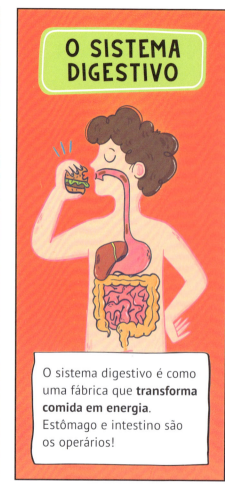

O sistema digestivo é como uma fábrica que **transforma comida em energia**. Estômago e intestino são os operários!

OS SISTEMAS DE DEFESA

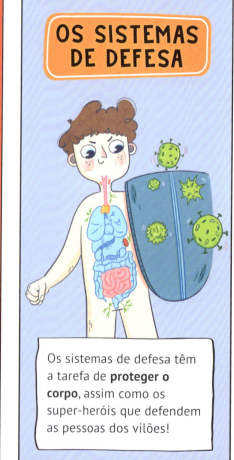

Os sistemas de defesa têm a tarefa de **proteger o corpo**, assim como os super-heróis que defendem as pessoas dos vilões!

O SISTEMA REPRODUTIVO

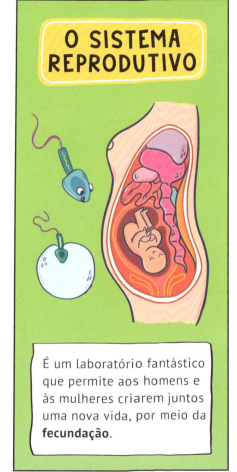

É um laboratório fantástico que permite aos homens e às mulheres criarem juntos uma nova vida, por meio da **fecundação**.

NOSSO CORPO É MARAVILHOSO!

Mais de 2 mil componentes, todos conectados ao computador de bordo, ou seja, ao SISTEMA NERVOSO CENTRAL. Uma equipe bastante eficiente, com um único propósito: MANTER O CORPO FUNCIONANDO!

1 DESCOBRINDO UMA SUPERMÁQUINA

Nosso corpo não é apenas um simples conjunto de **órgãos**. É como uma supermáquina poderosa e altamente equipada, feita sob medida, com um incrível computador de bordo e um motor sempre ligado (pelo menos enquanto estamos vivos): o **coração**.
O coração sabe regular seu ritmo de acordo com as necessidades do corpo: ele desacelera durante o sono e acelera quando mais energia é necessária.
Já os **pulmões** operam a um ritmo de 25 mil respirações por dia!

2 VOCÊ COME, EU QUEIMO!

É exatamente o que nossa supermáquina diria! De fato, ao longo de um dia, nosso corpo **queima cerca de 1.700 quilocalorias** provenientes dos alimentos que consumimos.

3 OS TIJOLINHOS DO CORPO

O corpo é composto por bilhões de **células de mais de 200 tipos diferentes**! Algumas são parecidas com esporos, outras com cachos, cordas, rosquinhas, tijolos, teias de aranha, leques, pequenos tubos, nós, anéis, espirais...
Existem até células **que podem mudar de forma**: os **leucócitos**, que combatem infecções.

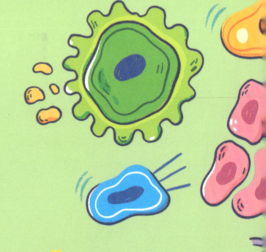

4 TUDO SE RESUME A... ÁGUA!

A massa do nosso corpo é composta por $\frac{2}{3}$ de **oxigênio** e **hidrogênio**, ou seja, por água! Incrível, não é?
O restante é feito de **carbono**, elemento fundamental das proteínas, dos carboidratos e das gorduras.

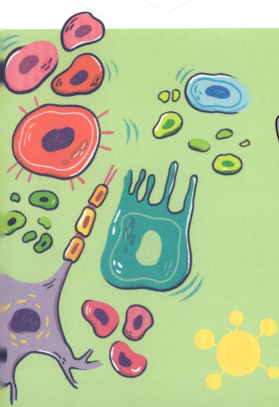

VOCÊ SABIA?

Algumas células, chamadas EUCARIÓTICAS, são revestidas por uma membrana, e seu interior, chamado NÚCLEO, contém os GENES, que determinam como somos.

5 AS HEROÍNAS FAZ-TUDO

Uma parte do seu corpo precisa de ajuda? Aqui estão as heroínas: as **células-tronco**. São células que compõem os embriões humanos e que também podem ser encontradas em adultos, na medula espinhal e na gordura corporal. Elas são capazes de **substituir outras células danificadas**, transformando-se em células específicas para ajudar no processo de cura. Podem se transformar em qualquer tipo de célula, inclusive as do coração.
(Ah, não, uma vitamina de células--tronco para curar corações partidos não é uma boa ideia!).

6 · A ESCADA DA VIDA

O **DNA** é a molécula que contém todas as instruções necessárias para as células sobreviverem e desempenharem as suas funções. **O DNA está na base da hereditariedade**, ou seja, da transmissão das características que tornam um indivíduo semelhante aos seus pais. Tem a forma de dupla hélice, semelhante a uma escada de corda torcida. Os "degraus" são as bases que constituem o **código genético** de cada um de nós.

7 · NÃO HÁ NINGUÉM COMO VOCÊ!

Pense em um número de um a dez. Adicione 84 zeros e você terá o número de combinações possíveis dos genes do DNA humano. E uma dessas combinações é você, uma pessoa **única e insubstituível** (mesmo se você tiver um irmão gêmeo)!

CURIOSIDADE

Se esticarmos um fio de DNA, podemos ir à LUA e voltar mais de 6 mil vezes! Mas, se o enrolarmos em um novelo, teremos uma BOLA de 10 centímetros de diâmetro.

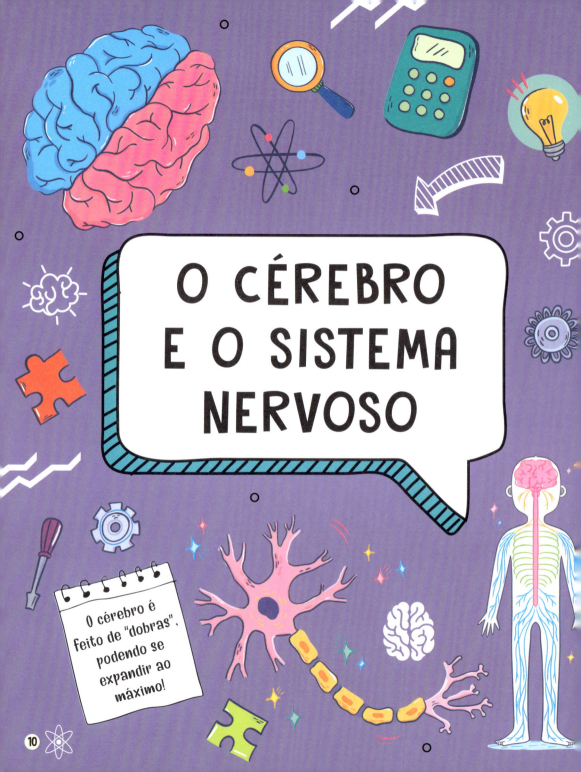

8 O CÉREBRO

Um supercomputador que nunca desliga!

É a parte do sistema nervoso central que fica dentro do **crânio**. Trata-se do **órgão mais poderoso do corpo**. Como um supercomputador, **controla todas as nossas ações, sensações e pensamentos**. É a sede da memória e das nossas faculdades intelectuais. É dividido em três partes: o **tronco encefálico**, que controla a respiração e a frequência cardíaca; o **cerebelo**, que coordena movimentos e equilíbrio; e o **córtex cerebral**, que controla pensamento, raciocínio, memória, visão, sensações táteis, fala e audição. Esse trabalho intenso é realizado por mais de 80 bilhões de células chamadas **neurônios**, que recebem e transmitem informações ao corpo. Os pontos em que ocorre a transmissão de informações são chamados **sinapses**.

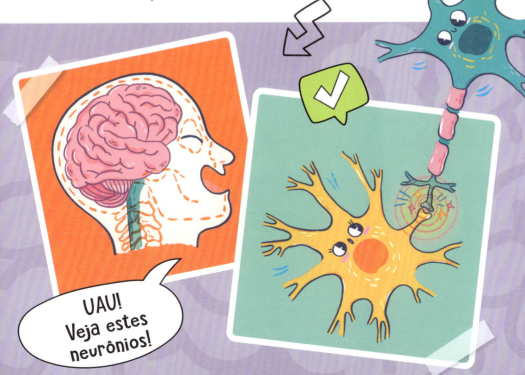

UAU! Veja estes neurônios!

9 QUANTOS CÉREBROS TEMOS?

Apenas um, mas dividido em **DOIS HEMISFÉRIOS**, ambos revestidos pelo córtex cerebral, uma superfície rugosa que cobre o cérebro, onde cada área tem uma função específica. O **hemisfério direito** é o lado emocional e criativo. O **hemisfério esquerdo** é o racional, também responsável pela linguagem. Geralmente, em cada ser humano, um dos hemisférios é predominante sobre o outro.

10 A AUTOESTRADA DA SAÚDE

Para transmitir informações ao corpo, o cérebro precisa de um cabo de comunicação: a **medula espinhal**, que também **controla os reflexos**, ou seja, as ações involuntárias que nos fazem reagir aos **estímulos**.
Por exemplo, quando tocamos uma panela quente, a medula espinhal envia o impulso que nos faz retirar a mão imediatamente!

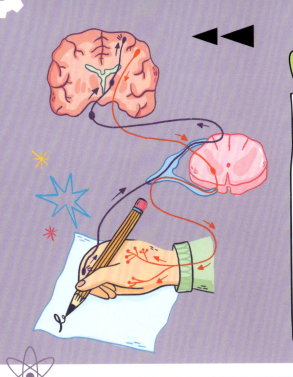

VOCÊ SABIA?

Os neurônios estão por toda parte, até no intestino, que é considerado o nosso SEGUNDO CÉREBRO. É por isso que, às vezes, quando estamos preocupados, sentimos DOR DE BARRIGA!

11 QUANTO PESA O CÉREBRO HUMANO?

O nosso cérebro pesa cerca de **1,4 quilo** e representa mais ou menos **2% do peso corporal** de uma pessoa. O cérebro de um golfinho pesa o mesmo que o nosso, mas tem metade dos neurônios; já o cérebro de um elefante pesa **5 quilos** e tem três vezes mais neurônios do que o de um humano. Mas não é o peso que importa: é como você o preenche que faz a diferença!

O SISTEMA NERVOSO CENTRAL

12 MEMÓRIA BLINDADA!

A medula espinhal está localizada dentro da **coluna vertebral**, que a envolve como uma armadura. A medula envia os sinais do cérebro para o corpo e também guarda uma espécie de memória das experiências passadas. Isso mesmo! Ela aprende com os movimentos anteriores, se lembra deles e os torna cada vez mais eficientes e coordenados. **É quase como andar de bicicleta**: uma vez aprendido, você lembra para toda a vida!

O SISTEMA NERVOSO PERIFÉRICO

13 É PRECISO TER NERVOS DE AÇO...

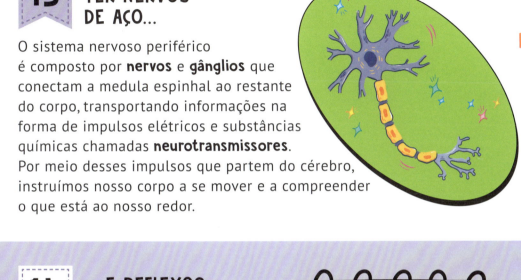

O sistema nervoso periférico é composto por **nervos** e **gânglios** que conectam a medula espinhal ao restante do corpo, transportando informações na forma de impulsos elétricos e substâncias químicas chamadas **neurotransmissores**. Por meio desses impulsos que partem do cérebro, instruímos nosso corpo a se mover e a compreender o que está ao nosso redor.

14 ... E REFLEXOS RÁPIDOS!

Mas quem ordena o nosso corpo a circular o sangue ou digerir um sanduíche com batatas fritas? Sempre o sistema nervoso periférico. Uma parte dele, conhecida como **sistema nervoso autônomo**, regula todas as funções involuntárias (não controláveis) do corpo.

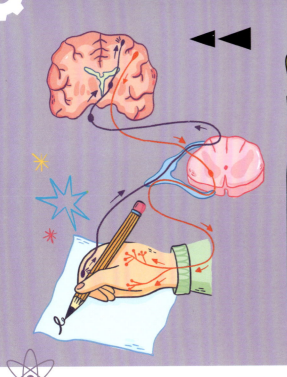

VOCÊ SABIA?

Os neurônios estão por toda parte, até no intestino, que é considerado o nosso SEGUNDO CÉREBRO. É por isso que, às vezes, quando estamos preocupados, sentimos DOR DE BARRIGA!

11 QUANTO PESA O CÉREBRO HUMANO?

O nosso cérebro pesa cerca de **1,4 quilo** e representa mais ou menos **2% do peso corporal** de uma pessoa. O cérebro de um golfinho pesa o mesmo que o nosso, mas tem metade dos neurônios; já o cérebro de um elefante pesa **5 quilos** e tem três vezes mais neurônios do que o de um humano. Mas não é o peso que importa: é como você o preenche que faz a diferença!

O SISTEMA NERVOSO CENTRAL

12 MEMÓRIA BLINDADA!

A medula espinhal está localizada dentro da **coluna vertebral**, que a envolve como uma armadura. A medula envia os sinais do cérebro para o corpo e também guarda uma espécie de memória das experiências passadas. Isso mesmo! Ela aprende com os movimentos anteriores, se lembra deles e os torna cada vez mais eficientes e coordenados. **É quase como andar de bicicleta**: uma vez aprendido, você lembra para toda a vida!

15 OS CINCO SENTIDOS
Os nossos superpoderes

Conversar olho no olho, sentir o cheiro do medo, ter arrepios… são frases que você já deve ter ouvido muitas vezes por aí! Tais expressões têm algo em comum: todas fazem referência aos nossos **cinco sentidos**: ferramentas notáveis do corpo humano que nos permitem manter contato com o que nos cerca.

16 NOSSAS PRÓPRIAS CÂMERAS FOTOGRÁFICAS

A câmera fotográfica pode ser vista como uma imitação de um instrumento fantástico: o **olho humano** (ou globo ocular). É uma esfera com duas lentes (**córnea** e **cristalino**) que focam as imagens na **retina**. A **íris**, a parte colorida, regula a luz que entra na **pupila**, o orifício no centro da **íris**. É igual ao obturador de uma câmera!

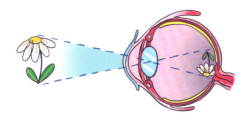

As imagens que chegam à retina ficam invertidas! É o cérebro que as reverte para o formato e o tamanho corretos.

17 O PERCURSO DA LUZ

A **retina** reveste o interior do globo ocular e é composta por células chamadas **fotorreceptoras**: 6 milhões de **cones**, sensíveis às cores e à luz intensa; 120 milhões de **bastonetes**, sensíveis à luz fraca e ao preto e branco; e 1,5 milhão de **células ganglionares**, que percebem movimentos e contrastes de cor. Todas essas células transformam a luz em sinais elétricos que são enviados ao cérebro pelo **nervo óptico**.

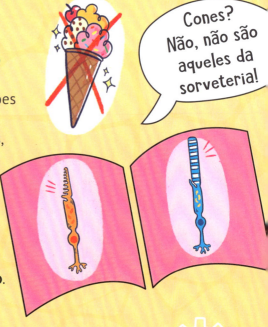

Cones? Não, não são aqueles da sorveteria!

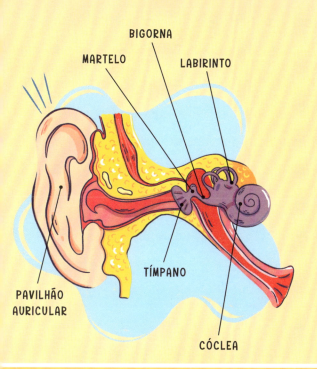

18 COMO CAPTAMOS OS SONS?

A orelha externa capta as ondas sonoras e as conduz até uma membrana fina: o **tímpano**. A orelha média amplifica as vibrações através de três ossículos – **martelo**, **bigorna** e **estribo** – e depois as transmite para a orelha interna. Aqui, um nervo chamado **cóclea** transforma as vibrações em impulsos nervosos para enviá-los ao cérebro.

19 AS ZONAS SECRETAS DA LÍNGUA!

A **língua** tem milhares de papilas gustativas, mas todos os sabores que percebemos são combinações destes cinco, que ocupam diferentes áreas na língua: **doce, salgado, ácido, amargo e... umami**, aquele sabor agradável característico do molho de soja, de tomate e do queijo parmesão. E o gosto? É o conjunto do que nossas **papilas gustativas** percebem, tal como uma grande festa em que os sabores dançam com os aromas!

20 · O NOSSO SUPERDETETIVE

O **sistema olfativo** nos permite sentir bons aromas, como os das flores ou os dos alimentos, e odores ruins e nojentos, como o cheiro de chulé de tênis esportivos. Eca! O odor entra no nosso corpo pelas narinas, sendo capturado pelos **receptores olfativos**, pequenas células especializadas no nariz. Então, passa para o nervo olfativo, que o transforma em impulsos nervosos a serem enviados ao cérebro.

E é aqui que a magia acontece: o cérebro interpreta os impulsos e nos faz sentir alegria, repulsa ou até nostalgia. Com o nariz, somos capazes de **distinguir mais de um trilhão de odores diferentes!**

21 · ISSO É REALMENTE ESTRANHO!

O **tato** é o sentido que nos faz perceber as coisas à nossa volta por meio do contato com elas. Às vezes, porém, coisas estranhas acontecem.

• É possível sentir dor por meio de um toque suave, por exemplo. Isso pode ocorrer se os nervos estiverem **danificados ou irritados** por alguns medicamentos.

• É possível sentir os pés frios mesmo quando está calor. Isso pode ocorrer devido a uma má **circulação sanguínea**, desequilíbrio hormonal ou estresse emocional.

22 A PELE
Um traje protetor

A **pele** é o maior órgão do nosso corpo. Ela o defende e protege contra **infecções**, **ferimentos**, **raios solares**, **vento** e **frio**. Além disso, regula a produção de suor, mantém a temperatura adequada, produz vitamina D e transmite sensações de dor, calor, frio e pressão.

CURIOSIDADE

A pele se comunica por meio de CHEIROS e FEROMÔNIOS, substâncias químicas que promovem reações de indivíduos de uma mesma espécie.

QUANTAS CAMADAS!

A pele é formada por 3 camadas: a **epiderme** é a mais externa, contendo células mortas que se desprendem continuamente; a **derme** é a intermediária e contém vasos sanguíneos, nervos, pelos e glândulas; a **hipoderme** é a camada mais profunda, contendo um tecido adiposo que nutre e isola o corpo.

23 UM MAPA NO CORPO

Na pele, há várias **CÉLULAS NERVOSAS** que nos permitem perceber todos os tipos de sensações.

A **pele** mostra "as marcas" da vida e das nossas **emoções**. Ela pode mudar de cor quando estamos envergonhados, zangados, assustados ou doentes, bronzear quando estamos expostos ao sol e enrugar à medida que envelhecemos. Também pode revelar nossas **características genéticas**, como cor, forma e sensibilidade.

FRIO
CALOR
PRESSÃO
QUEIMADURA
MOLHADO
DOR

É UM "CARTÃO DE IDENTIDADE" ÚNICO E PESSOAL, QUE CONTA A NOSSA HISTÓRIA.

VIBRAÇÕES

UM TESOURO PARA PROTEGER

A pele é o órgão mais exposto a **agentes externos**. Por isso, é importante protegê-la. Hidrate-a com **cremes adequados**, use protetor solar, beba bastante água e consuma **frutas** e **verduras**. Com esses cuidados, ela ficará mais macia e elástica. A pele é um tesouro: cuide dela e ela permanecerá saudável por muito tempo.

LEMBRE-SE: a cor da nossa pele é determinada apenas por um pigmento chamado **melanina**, e por nada mais. De resto, somos todos iguais!

VOCÊ SABIA?

As SARDAS e as PINTAS (ou NEVOS) são pequenas manchas escuras causadas pelo Sol. São áreas onde se acumula mais melanina, pigmento que ajuda a nos proteger do SOL, cuja produção é estimulada pelos raios solares, causando bronzeamento!

CURIOSIDADE

As IMPRESSÕES DIGITAIS são pequenos sinais encontrados nas pontas dos dedos. Não existem dois indivíduos com impressões digitais iguais, nem gêmeos idênticos!

ATIVIDADE

Encontre a impressão digital correta

Com seus amigos, Luca se divertiu usando tinta e deixando as marcas dos dedos em uma folha de papel. Mas agora ele não consegue reconhecer qual é a sua! **Encontre a impressão digital correta e explique o motivo da sua escolha.**

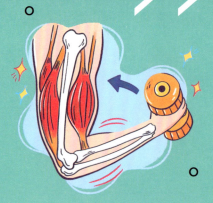
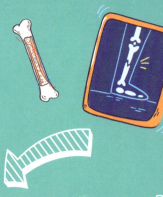

O SISTEMA LOCOMOTOR

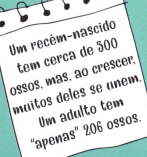

Um recém-nascido tem cerca de 300 ossos, mas, ao crescer, muitos deles se unem. Um adulto tem "apenas" 206 ossos.

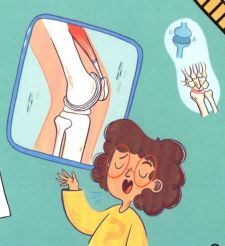
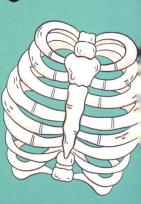

25 OS OSSOS
A estrutura que nos sustenta

Os **ossos** são as estruturas rígidas que formam o **esqueleto**. São compostos por uma substância feita principalmente de **cálcio**, **fósforo** e **água**. Protegem os órgãos internos, como o cérebro, o coração e os pulmões, sustentam o peso do corpo e dos músculos, produzem novas células sanguíneas e armazenam muitos sais minerais necessários para o bem-estar do nosso organismo.

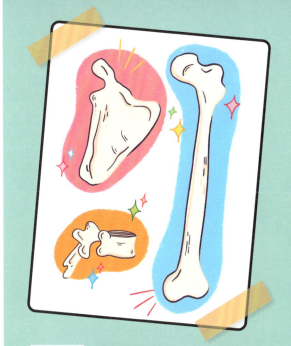

26 OSSOS DE TODOS OS TIPOS

- **Ossos longos** são encontrados nos braços e nas pernas.
- **Ossos curtos**, semelhantes a cubos ou bolas, estão presentes nas mãos e nos pés, e nos permitem pequenos movimentos, como segurar objetos.
- **Ossos planos**, como os do crânio e os da caixa torácica, são finos e possuem um formato "achatado". São compostos por duas camadas de osso compacto, separadas por uma camada de osso poroso.

27 A EQUIPE VENCEDORA

O **crânio** é um quebra-cabeça encaixado por ossos planos, que envolve e protege o cérebro como um capacete. Ele também abriga os órgãos dos sentidos: olhos, ouvidos, nariz e boca. A **coluna vertebral** suporta o tronco e o pescoço. Ela é composta por **ossos curtos**, as **vértebras**, que se assemelham a um anel com duas alças. A forma curva da coluna vertebral a torna forte e flexível.

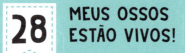

O crânio e a coluna vertebral são duas partes fundamentais do esqueleto e desempenham funções vitais para o nosso organismo.

28 MEUS OSSOS ESTÃO VIVOS!

O que acontece quando **quebramos** um osso? O tecido ósseo danificado é substituído por um tecido novo e forte. Essa "remodelação óssea" é realizada por dois tipos de células: os **osteoclastos**, que "dissolvem" os ossos antigos liberando os minerais que os compõem, e os **osteoblastos**, que recuperam esses minerais para produzir tecido ósseo.

VOCÊ SABIA?

Todos nós somos como acordeões! A GRAVIDADE comprime as articulações e, ao final do dia, estamos (mesmo que um pouquinho!) mais baixos. Mas basta deitarmos por algumas horas, e as articulações se esticarão novamente.

29 UMA ALMOFADA FOFINHA!

As **articulações** conectam os ossos e são formadas por vários elementos que as tornam lisas, incluindo uma substância macia chamada **cartilagem**, que é como uma almofada que impede os ossos de se esfregarem uns contra os outros. Mas também existem articulações **que não se movem**, como as que se localizam nos ossos do crânio.

30 — O CRIADOR DE CÉLULAS

A **medula óssea** é um tecido mole e carnudo que se encontra dentro dos ossos, tal como a pasta de dentes dentro do tubo. No entanto, não serve para escovar os dentes, mas para **produzir as células do sangue**: por isso é **vermelha**. Mas também existe a **medula óssea amarela**, composta por **gordura**. Atua mais ou menos como a reserva de um time de futebol: quando necessário, entra em ação, tornando-se vermelha e produzindo células.

A CAIXA TORÁCICA É COMO UMA ARMADURA!

CURIOSIDADE

O ESTRIBO é um osso do ouvido que se parece com uma FERRADURA. Mas não é tão grande. Na verdade, tem o tamanho de um grão de pimenta.

31 OS MÚSCULOS
Uma equipe que faz você se mover com estilo!

Você já se perguntou como consegue correr, pular, sorrir, comer, chorar e falar? Graças aos **músculos**, que são tecidos especiais que **se contraem e relaxam** para mover as diferentes partes do seu corpo e lhe dão uma força considerável. Os músculos estão conectados aos ossos e aos nervos, e precisam de muita energia para funcionar corretamente.

32 MÚSCULOS PARA TODA OCASIÃO!

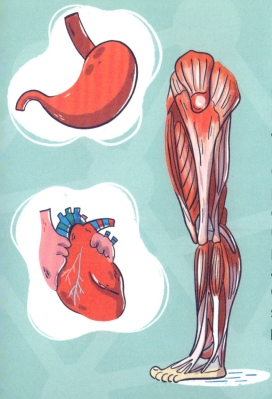

Os músculos **esqueléticos** nos permitem mover os ossos e realizar **ações voluntárias**, como caminhar, levantar objetos ou sorrir.
Os músculos **lisos** revestem as paredes dos **órgãos internos**, como o estômago e o intestino. Eles têm uma função involuntária e regulam processos vitais, como a digestão, a circulação e a respiração.
Os músculos **cardíacos** bombeiam o sangue por todo o corpo: **eles nunca param de trabalhar!**

33 TRABALHANDO EM PAR E EM EQUIPE

Alguns músculos, chamados **agonistas** e **antagonistas**, trabalham em par e realizam ações opostas em uma articulação, como é o caso do braço. Outros, chamados **sinérgicos** e **auxiliares**, preferem trabalhar em equipe: dedicam-se a ações complexas ou estabilizam uma articulação. De qualquer forma, **todos os músculos colaboram entre si**.

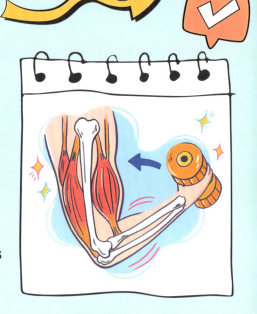

34 MÚSCULOS PEGANDO FOGO? NÃO PRECISA DE EXTINTOR!

Sentiu seus músculos queimarem depois de correr? É culpa do **ácido lático**, um composto que se forma quando seu corpo não tem **oxigênio suficiente para transformar açúcar e gordura em energia**. Essa substância ácida **causa dor nos músculos e os faz cansar**, impedindo que você continue a atividade física. Felizmente, a dor muscular desaparece depois de um tempo de descanso, quando o fígado consegue transformar o ácido lático em glicose, um açúcar que seu corpo pode usar novamente para produzir energia.

CURIOSIDADE

Os dois músculos da mandíbula, chamados MASSETERES, são os mais fortes do corpo: podem triturar comida exercendo força de 100 quilos. Equivale à mordida de um gorila!

35 COMO O CORPO SE MOVE?

Quando queremos realizar uma ação, cabe sempre ao cérebro **enviar um sinal aos músculos corretos**, que se contraem e relaxam, puxando os **tendões** que os ligam aos ossos. Os movimentos podem ser **voluntários**, como levantar uma mão ou fazer careta, **involuntários**, como fazer o coração bater ou respirar, ou **automáticos**, como caminhar ou andar de bicicleta.

36 ALAVANCAS QUE PUXAM E EMPURRAM

Os músculos movem os ossos agindo como **alavancas** formadas por um osso, uma articulação, um músculo e uma carga.

Existem três tipos de alavancas musculares:

• com o **fulcro** (articulação) no centro, como no pescoço ao levantar a cabeça;

• com o **peso** (carga) no centro, como no tornozelo ao levantar o pé;

• com a **força** (músculo) no centro, como no cotovelo ao dobrar o antebraço.

33

37 FECHOS E GRAMPOS NOS OSSOS!

As **articulações** permitem que os ossos se movam de várias maneiras. Existem três tipos delas:
• **sinoviais**: as mais móveis, semelhantes a esferas ou dobradiças. Encontram-se no ombro, quadril, cotovelo e joelho;
• **cartilaginosas**: amortecem os impactos e permitem movimentos leves, como as vértebras da coluna vertebral;
• **fibrosas**: podem ser comparadas a soldas ou grampos que impedem o movimento, como as suturas cranianas ou o rádio e a ulna, do antebraço.

38 ENTRE CORDAS E GUITARRAS

Os nossos **267 tendões** são filamentos de **tecido conectivo resistente e elástico** que conectam os músculos aos ossos. Quando os músculos se contraem, movem os ossos aos quais estão ligados. Mas, assim como as cordas de uma guitarra precisam ser afinadas para produzir um som harmônico, os tendões também precisam ter a tensão certa, caso contrário, o movimento pode ser ineficaz ou doloroso. Quem já teve uma **tendinite**, ou seja, uma inflamação nos tendões, sabe bem disso.

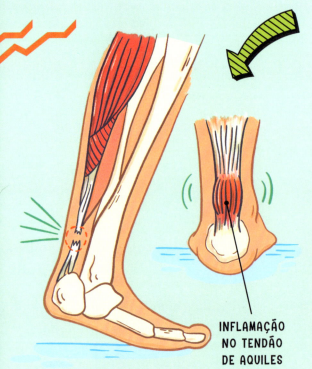

INFLAMAÇÃO NO TENDÃO DE AQUILES

39 POSTURA, EQUILÍBRIO E PORTE

A **postura** é a posição do corpo em pé ou sentado. O **equilíbrio**, por sua vez, é a capacidade de manter certa estabilidade contra forças externas, como a gravidade (ou até um empurrão!).

O **porte** é o estilo dos seus movimentos, que reflete em parte sua personalidade e autoestima. Portanto, cabeça erguida, costas retas e passos firmes! Uma má postura pode causar dor de cabeça, náusea, tontura e dor nas costas.

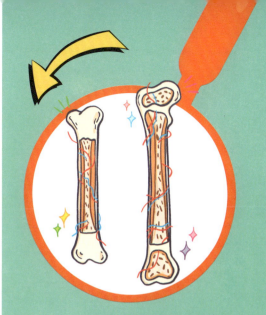

40 NOSSOS OSSOS CRESCEM CONOSCO!

Os ossos crescem graças à **cartilagem**, um tecido **macio** e **elástico** que produz novas células ósseas nas extremidades dos ossos longos, como os dos braços e das pernas. Quando adultos, a cartilagem se endurece e os ossos param de crescer em comprimento, mas continuam se renovando constantemente. Os ossos são vivos e precisam de **cálcio** para ficarem fortes. Para ajudá-los a crescerem bem, alimente-se de maneira saudável e faça atividade física. Seus ossos vão agradecer!

41 A RESPIRAÇÃO

Toquem as trombetas!

Respirar significa viver. É a ação que nos permite armazenar **oxigênio** e expelir os gases residuais, ou seja, o **dióxido de carbono**. Com a respiração, nosso corpo se limpa e produz energia.

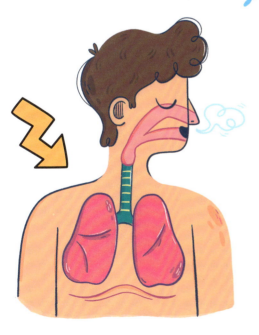

42 OS GUARDIÕES DO AR

Os **pulmões**, órgãos pelos quais respiramos, são semelhantes a **balões esponjosos**: inflam quando inspiramos e desinflam quando expiramos, graças ao **diafragma**. Eles são compostos por milhões de **alvéolos**: pequenas esponjas que absorvem oxigênio e liberam dióxido de carbono.

VOCÊ SABIA?

Um pulmão pesa, aproximadamente, o mesmo que dois HAMBÚRGUERES de tamanho médio. Como é esponjoso, flutuaria se submerso em água!

45 O SEGREDO PARA ESTAR CHEIO DE ENERGIA!

O ar que respiramos é uma mistura de gases, incluindo **oxigênio**. Ao entrar nos pulmões, o ar transfere oxigênio para o sangue, que o transporta para as células. Aqui, uma **reação química** transforma o oxigênio na energia necessária para nosso corpo, descartando **dióxido de carbono**, que é devolvido aos pulmões e expelido.

CURIOSIDADE

O espirro é uma reação do corpo para liberar das vias aéreas substâncias como poeira, pólen ou vírus. Ao espirrar, disparamos germes na velocidade de águias em queda livre!

Ah, não. GERMES a 160 km/h? Salve-se quem puder!

Por isso, **respirar bem nos torna mais ativos e enérgicos**, enquanto respirar lenta e profundamente nos acalma e nos faz sentir melhor quando estamos tensos. Da mesma forma, respirar mal ou superficialmente nos faz sentir cansados e fracos.

46 A POLÍCIA DAS BACTÉRIAS!

Enquanto os gatos têm vibrissas (tipo de bigode) no focinho, nós as temos no... nariz!
Os **pelos do nariz** são verdadeiros filtros que impedem algumas **substâncias** e germes de entrarem em nossas vias aéreas.
Eles retêm partículas de poeira ou pólen, expulsando-as pelo espirro. Mas isso não é tudo! Esses pelos também contribuem para o sentido do olfato, captando os muitos cheiros presentes no ar.

47 PROBLEMAS PARA SE CONCENTRAR NAS TAREFAS?

AQUI ESTÃO ALGUMAS TÉCNICAS PARA ACALMAR O CORPO E A MENTE:

• respire profundamente, usando o diafragma, para favorecer a **oxigenação** do cérebro;
• tente fazer ioga ou sentar-se de olhos fechados, focando apenas na sua **respiração**;
• **relaxe** os músculos gradualmente, da cabeça aos pés;
• ouça **músicas** suaves ou sons da natureza.

48 O SISTEMA CARDIOVASCULAR
Um emaranhado de estradas... para entregas especiais

O objetivo desse sistema (também chamado de circulatório) é **levar oxigênio e substâncias nutritivas a todas as células do corpo** e, ao mesmo tempo, direcionar substâncias residuais aos pulmões, aos rins e ao intestino para serem expelidas. O motor desse sistema de circulação é o coração.

49 O MOTOR QUE NUNCA PARA

O **coração** é um músculo sempre em ação que bombeia o sangue com dois movimentos: contraindo (**sístole**) e empurrando o sangue para fora; e relaxando (**diástole**) e se enchendo de sangue novamente. Ele tem quatro "câmaras", **dois átrios** na parte superior e **dois ventrículos** na parte inferior, além de quatro válvulas de tecido fibroso que regulam o fluxo sanguíneo para evitar que ele retorne.

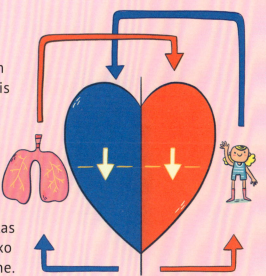

50 VIAS DE TRÁFEGO RÁPIDO

Nas **artérias**, os maiores vasos do nosso corpo, o sangue é **vermelho vivo**, rico em oxigênio, e viaja muito rápido.

Na **aorta**, atinge uma velocidade de cerca de meio metro por segundo, mas diminui nas **artérias** menores e nos **capilares**, que o distribuem aos tecidos.

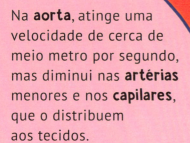

CURIOSIDADE

Se medíssemos todos os vasos sanguíneos, poderíamos dar a VOLTA AO MUNDO duas vezes e meia!

51 VIAS DE TRÁFEGO LENTO

As **veias** transportam o sangue **vermelho escuro**, desprovido de oxigênio e carregado de resíduos, do corpo para o coração. O sangue nas veias flui lentamente porque tem baixa pressão e precisa superar a força da gravidade. É por isso que as veias dependem do movimento dos músculos para levar o sangue de volta ao coração.

52 ENTREGADORES DE OXIGÊNIO

Os **glóbulos vermelhos** são células sem núcleo que **transportam oxigênio** para nutrir todos os órgãos do corpo e que absorvem o dióxido de carbono descartado pelas células para levá-lo de volta aos pulmões, onde é expelido pela expiração.

Os **glóbulos brancos**, ou **leucócitos**, são células com núcleo, produzidas pelo fígado e pelo baço. Desempenham um papel crucial como **defensores contra bactérias, vírus, fungos e corpos estranhos**. Fazem parte do sistema imunológico, nosso escudo de defesa contra as doenças.

53 UM COQUETEL QUE NOS MANTÉM VIVOS!

Mais da metade do sangue é composto de **plasma**: uma mistura de água, glóbulos vermelhos, glóbulos brancos, plaquetas, açúcares, sais e proteínas. Quando você faz exames de sangue, também é feita a contagem do número de glóbulos vermelhos, glóbulos brancos e plaquetas: todos esses componentes são importantes para avaliar sua saúde.

54 GRANDES TRABALHADORES

As **plaquetas** são fragmentos de células especiais, sem núcleo. Se você se machucar, elas se juntam e, com outras substâncias, formam uma espécie de rede, para que o sangue fique mais grosso e não escorra. Se você se machucar e o ferimento não for muito profundo, a sua pele vai se curar sozinha usando um superpoder: a **cicatrização**. Primeiro, o sangue para de escorrer, depois forma uma crosta rosada e, por fim, uma mancha branca: a **cicatriz**, a prova de que você foi forte e se curou!

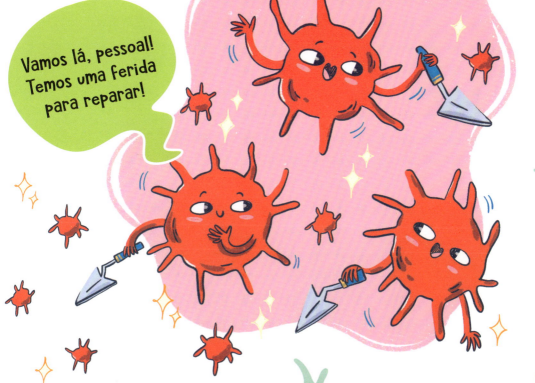

Vamos lá, pessoal! Temos uma ferida para reparar!

55 DIGESTÃO
A máquina da nutrição

A **digestão** é o incrível processo pelo qual a comida que você come se transforma em substâncias úteis, prontas para serem convertidas em **energia** e em **resíduos** para serem eliminados, ou seja, cocô e xixi!

56 TUDO COMEÇA PELA BOCA!

É verdade! Na boca, as **glândulas salivares** começam a secretar saliva antes mesmo de você começar a comer (daí o ditado: estou com água na boca!). Os **dentes** trituram o alimento sólido, a saliva ajuda a amolecê-lo e a língua nos permite sentir o sabor.

CURIOSIDADE

Um adulto tem o total de 32 dentes, todos cobertos por uma camada dura chamada ESMALTE.

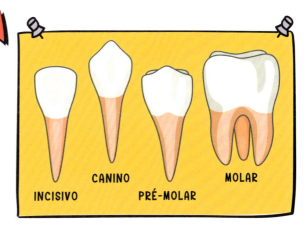

INCISIVO — CANINO — PRÉ-MOLAR — MOLAR

47

57 SEU PRÓPRIO LABORATÓRIO DE QUÍMICA

O **estômago** é um órgão em forma de bolsa, que pode conter até **4 litros de comida**. Aqui, em um período de 2 a 5 horas, o alimento é misturado e **dissolvido por substâncias ácidas** produzidas pela sua mucosa interna, como em um laboratório de química! Esses ácidos digerem o alimento e matam as bactérias presentes.

58 SUCOS MÁGICOS

Os **sucos digestivos** são substâncias que ajudam a dissolver o alimento. Os principais são: a **saliva**, que começa a dissolver o açúcar; o **suco gástrico**, que quebra as proteínas e dissolve o alimento no ácido; o **suco pancreático**, que completa a digestão de açúcares, proteínas e gorduras; a **bile**, que mistura as gorduras e facilita sua digestão, e o **suco intestinal**, que divide os diferentes tipos de açúcares.

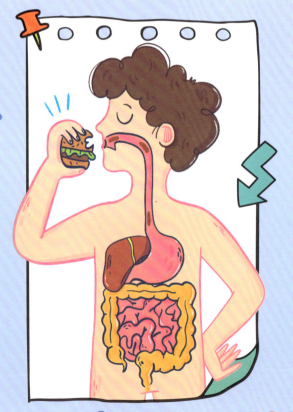

59 AO FINAL DA JORNADA!

Imagina comer uma fatia do seu bolo favorito... **Você começa a digerir imediatamente** assim que a coloca na boca, de modo que os dentes a trituram e misturam com saliva, transformando-a em uma massa (eca!), chamada **bolo alimentar**, que desce pela garganta. Aqui, a **epiglote**, uma cartilagem em forma de folha, fecha a entrada dos pulmões para evitar engasgos. O bolo alimentar continua pelo **esôfago**, que o empurra para o **estômago**, onde é dissolvido e transformado em **quimo**. Do estômago, o que resta da sua fatia de bolo passa para o **intestino delgado**, onde o corpo absorve os nutrientes. As substâncias descartadas vão para o **intestino grosso**, que, ao final da jornada, transforma seu bolo em cocô!

60 UM ÓRGÃO MUITO OCUPADO

O fígado é realmente **incansável**! Além de produzir bile, ele filtra resíduos e substâncias tóxicas, regula os níveis de açúcar, gorduras e proteínas no sangue; armazena glicose, vitaminas e ferro; e produz substâncias que auxiliam na coagulação. E é o **único órgão capaz de se regenerar!**

61 XAROPE DE MENTA? NÃO, É BILE!

A bile é um líquido esverdeado com aparência repugnante, mas com **duas funções muito importantes**: dissolver as gorduras para que o **pâncreas** possa digeri-las e eliminar os resíduos do **fígado**, como o colesterol em excesso. A bile é produzida pelo fígado e armazenada na **vesícula biliar**, uma pequena bolsa semelhante a um balão vazio localizado abaixo do fígado.

62 BACTÉRIAS BOAS E BACTÉRIAS RUINS!

No intestino grosso, vivem bilhões de bactérias (**flora intestinal**) que produzem **vitaminas**, fermentam **fibras**, combatem **germes** e estimulam o **sistema imunológico**. Mas nem todas as bactérias intestinais são benéficas! Algumas podem causar doenças.

COMO NOS PROTEGER?
Lavando bem as mãos e evitando alimentos crus ou mal cozidos.

63 SIM, PARTE MESMO DAQUI!

O intestino grosso é a última parte do **tubo digestivo** e tem, aproximadamente, **1,5 metro** de comprimento. Ele recebe do intestino delgado o material não digerido e absorve água e sais. O que resta é o cocô ou, em termos científicos, as **fezes**. Sua cor típica depende do que se come e da quantidade de bile presente!

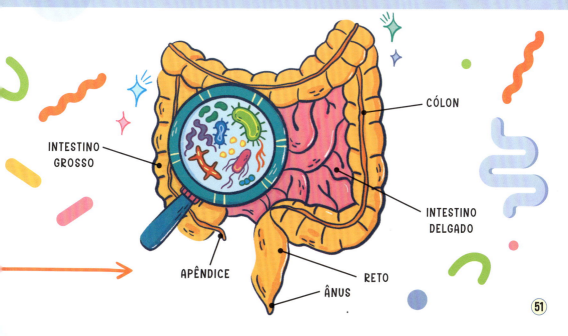

64 ALIMENTAÇÃO
Somos o que comemos!

A comida fornece ao corpo a energia e os nutrientes necessários para viver. Por isso, uma **alimentação adequada** é extremamente importante para a sua saúde e bem-estar. Nem todos os alimentos têm o mesmo valor nutricional: alguns são mais saudáveis do que outros e também nos protegem contra doenças. Portanto, é essencial seguir uma **dieta equilibrada**, que inclua todos os grupos alimentares nas proporções adequadas.

Fast food? Não, obrigado!

65 O QUE É UMA DIETA EQUILIBRADA?

Uma dieta equilibrada deve incluir os **alimentos corretos** para o nosso organismo, e em quantidades adequadas: os **carboidratos** fornecem energia para nos movimentarmos e estudarmos. Estão presentes em cereais, leguminosas, frutas e vegetais. As **proteínas** ajudam a aumentar nossos músculos e nossas defesas. Podem ser encontradas em carne, peixe, ovos, leite e queijos.

A PIRÂMIDE ALIMENTAR
- DOCES
- PROTEÍNAS
- CARBOIDRATOS
- FRUTAS E VEGETAIS

As **gorduras** protegem e ajudam na absorção das vitaminas. Elas estão presentes no azeite, em oleaginosas como nozes, avelãs, amêndoas, pistaches, e em peixes gordurosos como o salmão.
As **vitaminas** e os **minerais** essenciais para a saúde são principalmente encontrados em frutas e legumes. As **fibras** ajudam a regular o intestino e estão presentes em cereais integrais, leguminosas, frutas e verduras.

66 UMA BOA SONECA!

Para estar com boa saúde, além de praticar atividade física, também é **fundamental dormir e descansar o suficiente**. Durante o sono, os **tecidos** se reparam, o **sistema imunológico** se fortalece, as **memórias** se consolidam e os **hormônios** são regulados. Para dormir bem, **evite usar computadores ou outros dispositivos eletrônicos antes de ir para a cama!**

XIU! ESTOU ME RECARREGANDO!

67 OS RINS E A FILTRAÇÃO
Uma fábrica supereficiente!

Como uma verdadeira estação de purificação, os rins trabalham dia e noite para **limpar** as substâncias tóxicas do sangue e para regular a quantidade e concentração de água e sais minerais em nosso organismo. A cada dia, os rins filtram cerca de **180 litros de plasma** e produzem, aproximadamente, 1,5 litro de urina.
Um trabalho e tanto!

68 MESTRES DA LIMPEZA!

Os **rins** são dois órgãos gêmeos que se localizam na parte posterior do abdômen, atrás do estômago. Cada rim pesa aproximadamente o mesmo que uma maçã, mas **contém cerca de um milhão de néfrons e glomérulos**, responsáveis por filtrar o sangue. Substâncias tóxicas ou em excesso, como creatinina e potássio, acabam na urina, ou seja, no xixi.

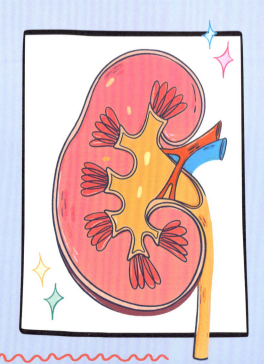

69 DESCENDO PELOS TUBOS!

A **urina** produzida pelos rins se acumula na **pelve renal**, que se assemelha a um pequeno funil. A partir daí, a urina passa pelos **ureteres**, dois tubos longos de, aproximadamente, 25-30 centímetros, e chega na bexiga. Para empurrar a urina para baixo, os ureteres se contraem ritmicamente.

CURIOSIDADE

Os nervos que controlam o ureter começam a se desenvolver por volta dos dois anos de idade. É por isso que as crianças usam fraldas!

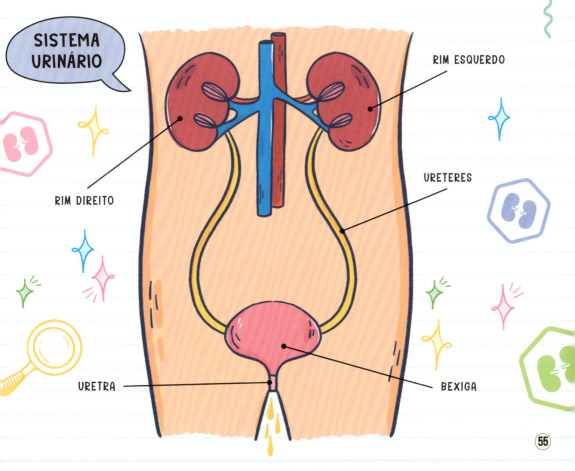

SISTEMA URINÁRIO

RIM ESQUERDO
RIM DIREITO
URETERES
URETRA
BEXIGA

70 UMA BOLSA DE XIXI!

A **bexiga** é um órgão oco em forma de bolsa que se encontra na parte inferior do abdômen. Tem a função de armazenar a urina até o momento de fazer xixi. Possui uma **capacidade de cerca de meio litro**, mas sentimos vontade de fazer xixi quando ela está meio cheia. A quantidade de urina que chega à bexiga em um dia depende da **quantidade de líquido** que ingerimos e das **condições meteorológicas** (se estiver calor, produziremos menos urina!).

71 1, 2, 3... VAMOS LÁ!

A **uretra** é o canal final do sistema urinário, que leva a urina da bexiga para fora do corpo. Ela é controlada por dois **esfíncteres**, músculos circulares que se abrem e se fecham para permitir ou impedir a passagem da urina. O **esfíncter interno** é controlado pelo sistema nervoso autônomo e opera sozinho, enquanto o **esfíncter externo** é controlado por nós (mas precisamos aprender a fazer isso para começar a usar o penico!).

VOCÊ SABIA?

Às vezes, pequenos cristais de sais minerais podem permanecer na urina formando pedrinhas chamadas CÁLCULOS RENAIS. Se descerem pelo trato urinário, podem causar dor, sendo necessário consultar um médico!

72 A IMPORTÂNCIA DE BEBER (MUITA) ÁGUA

Beber água é **fundamental** para a saúde de todo o organismo. A água ajuda a manter o equilíbrio correto do corpo, eliminar as toxinas e prevenir as infecções urinárias. Portanto, beba pelo menos **1,5 litro de água todos os dias**, de preferência em pequenos goles distribuídos ao longo do dia. Se for verão e estiver muito calor, ou se estiver praticando um esporte, você deve beber ainda mais água. Sente a boca seca e tonturas? Sente-se cansado e fraco? Talvez não esteja bebendo água o suficiente!

73 O SISTEMA IMUNOLÓGICO
Um exército de guerreiros coloridos

O sistema imunológico é um verdadeiro sistema de defesa que nos protege de doenças causadas por **vírus** e **bactérias**, e que **combate** e elimina **células anormais** ou **danificadas**. É constituído pelos órgãos linfáticos, como o **timo**, o **baço** e os **linfonodos**, onde se formam os **leucócitos** ou **glóbulos brancos**, que têm a função de reconhecer e atacar microrganismos nocivos ao corpo. O sistema imunológico varia de pessoa para pessoa: depende da predisposição genética, do estilo de vida e das doenças contraídas. É mais fraco em recém-
-nascidos e idosos, e mais forte em jovens e adultos.

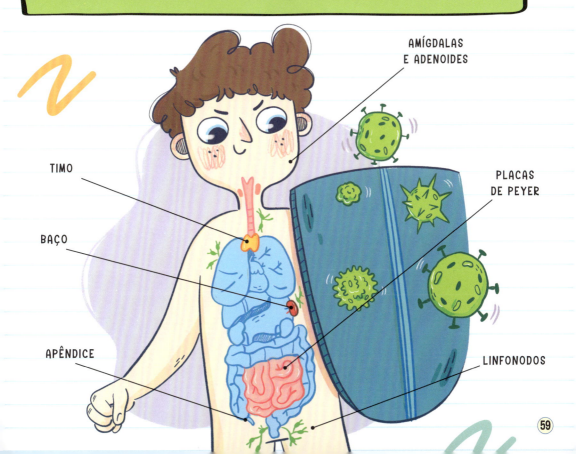

74 A MELHOR EQUIPE DE DEFESA!

Existem três tipos de glóbulos brancos: os **linfócitos**, que produzem anticorpos (proteínas) capazes de atacar as células estranhas; os **granulócitos**, que injetam substâncias tóxicas nas células a serem combatidas; e os **monócitos**, que "devoram" as células doentes. As células combatentes naturais nascem com a única tarefa de destruir células estranhas ou tumorais.

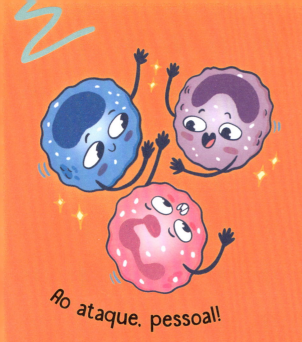

Ao ataque, pessoal!

75 NÃO, NÃO É UMA PLANTA!

O timo é uma **glândula** localizada entre o coração e o esterno, dividida em duas zonas chamadas **lóbulos**. É uma espécie de academia de treinamento apenas para linfócitos!

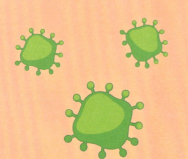

Estrutura interna de um LÓBULO

ZONA CORTICAL: aqui os linfócitos aprendem a distinguir as células estranhas.

ZONA MEDULAR: aqui os linfócitos controlam as células potencialmente danosas.

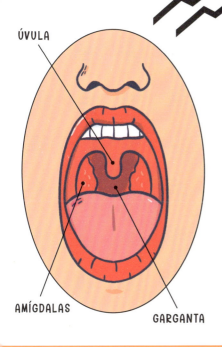

76   A FAMOSA DUPLA!

Você com certeza conhece as **amígdalas**, pois elas frequentemente ficam inflamadas! Há duas delas, localizadas em cada lado da garganta, e sua função é **capturar germes** que podem causar infecções. As amígdalas são órgãos linfáticos e produzem **anticorpos**.

77   AS ASSISTENTES DAS AMÍGDALAS

As **adenoides** são dois linfonodos em forma de pequenas bolas que se encontram na parte posterior das **cavidades nasais.** Assim como as amígdalas, acumulam células mortas, bactérias e substâncias estranhas.

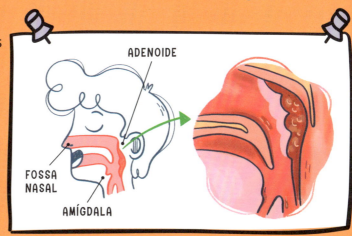

Quando inflamam, causam dificuldades respiratórias e otites, fazendo com que você fale com a voz anasalada!

78 MEIO FILTRO, MEIO ARMAZÉM

O **baço** é um órgão vermelho escuro com formato alongado semelhante a um ovo. Encontra-se no abdômen, abaixo do diafragma. É composto de **polpa branca**, que produz leucócitos, e **polpa vermelha**, que filtra o sangue, removendo resíduos e glóbulos vermelhos defeituosos ou desgastados. Ele é protegido por uma cápsula, mas pode aumentar de tamanho ou romper-se devido a traumas, infecções ou doenças.

79 POLICIAIS SEMPRE EM PATRULHA

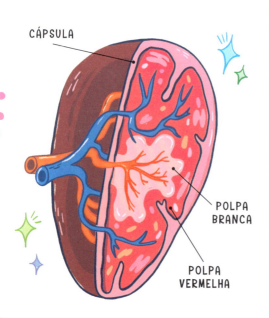

CÁPSULA
POLPA BRANCA
POLPA VERMELHA

CURIOSIDADE

Às vezes, o sistema imunológico comete erros e ataca o nosso próprio corpo, originando as chamadas doenças AUTOIMUNES.

Os **leucócitos** se movem pelo sangue e pelos tecidos como policiais de patrulha, identificando os germes e as células estranhas para destruí-los. Os glóbulos brancos comunicam-se entre si através de **proteínas** chamadas **citocinas**, que regulam sua atividade com base no tipo de "inimigo", ou seja, na infeção a ser combatida.

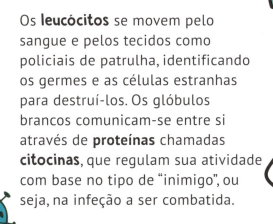

80 UMA MEMÓRIA DE FERRO!

O sistema imunológico se lembra dos inimigos que já enfrentou e, por isso, combate-os com mais eficiência. Essa capacidade é chamada de **memória imunológica** e serve como base para as vacinações, que permitem prevenir muitas doenças que antes eram fatais, como a varíola.

81 O SISTEMA LINFÁTICO
Hora da limpeza!

Quem se encarrega de fazer a limpeza e recolher a sujeira? O **sistema linfático**! Ele é formado por uma rede de **capilares**, **vasos** e **órgãos** que drenam, filtram e purificam a linfa, contribuindo para a defesa imunológica do nosso organismo. A **linfa** é o líquido coletado dos capilares linfáticos e é composta por água, sais, proteínas, lipídios, vitaminas, hormônios e glóbulos brancos, principalmente linfócitos.

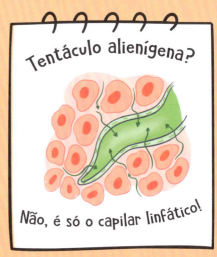

Tentáculo alienígena?

Não, é só o capilar linfático!

82 SOMOS COMO AS ÁRVORES?

Os **vasos linfáticos** são semelhantes aos do sistema circulatório, mas têm uma parede mais fina. Os **capilares linfáticos** coletam a linfa das células do corpo e a conduzem para vasos cada vez maiores, até chegar a um ducto principal, que a libera nas veias. A **linfa** é impulsionada pela ação dos músculos.

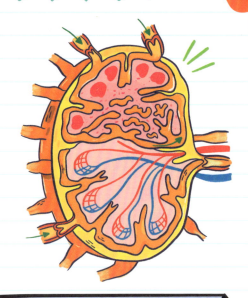

84 CUIDE DO SEU SISTEMA LINFÁTICO!

Para ajudar o sistema linfático em seu trabalho, é importante consumir **alimentos frescos** e **orgânicos**, tentar reduzir o **estresse** (por exemplo, com ioga ou meditação), **dormir bem**, terminar o banho com **água fria**, praticar **atividade física**, **beber água** e fazer **massagens** específicas para reativar a circulação linfática.

83 É MELHOR NÃO SENTI-LOS

Os **linfonodos** são as estações de defesa do organismo e estão localizados ao longo das vias linfáticas, em **pontos estratégicos** como o pescoço, as axilas, a virilha e o abdômen. Sua função é filtrar a linfa, removendo substâncias estranhas e microrganismos nocivos, graças à ação dos linfócitos, que produzem anticorpos. Se houver uma infecção, os linfonodos aumentam e podem **causar dor**.

85 O SISTEMA ENDÓCRINO
Um cineasta digno de um Oscar!

O **sistema endócrino** é como um diretor que coordena as funções vitais do organismo. Ele não faz isso com um megafone, mas por meio de **hormônios**, substâncias químicas que viajam pelo sangue e atuam apenas nos tecidos que possuem os receptores adequados.

86 UMA GRANDE ORQUESTRA

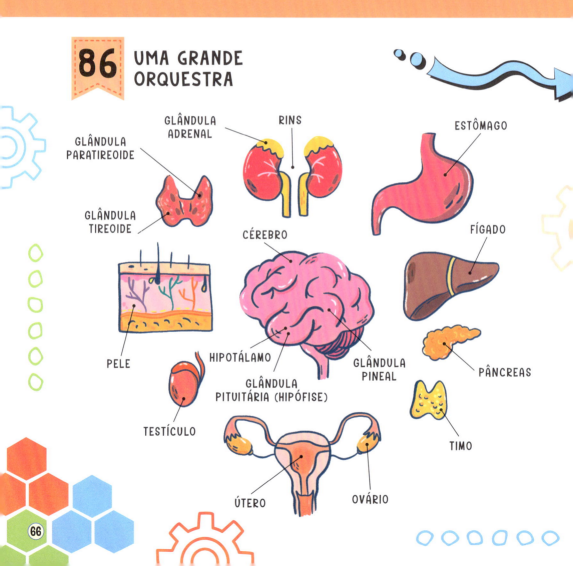

E... Ação!

Os sistemas endócrino e nervoso **trabalham juntos** para manter o **equilíbrio** do corpo e do organismo.

As **glândulas endócrinas** incluem **hipófise**, **tireoide**, **paratireoide**, **timo**, **pâncreas**, **suprarrenais** e **pineais**. Cada uma delas produz hormônios específicos, de modo que sejam captados apenas pelo órgão-alvo ao qual são destinados.

87 A CHEFE DAS GLÂNDULAS!

A **hipófise** é uma glândula muito pequena em forma de avelã, mas é a verdadeira mandachuva! Ela produz **hormônios** que estimulam a atividade de outras glândulas, como a tireoide e as suprarrenais. Além disso, regula o **crescimento**, a **reprodução**, a **pressão sanguínea** e o **metabolismo**.

VOCÊ SABIA?

A PROLACTINA, o hormônio que permite às mulheres que acabaram de ter um bebê produzir o leite para amamentá-lo, é liberada pela hipófise.

88 A RAINHA QUE NOS DÁ O RITMO!

É UM, DOIS, TRÊS...

A **tireoide** está no comando de funções muito importantes! Ela produz os hormônios que regulam o consumo de **oxigênio** das células, a **energia** mínima necessária para o corpo em repouso, a nossa **temperatura**, o nosso **peso** e até os **batimentos cardíacos**!

CURIOSIDADE

Para ajudar sua tireoide a funcionar corretamente, você deve beber muita ÁGUA e comer de maneira SAUDÁVEL (especialmente peixe!).

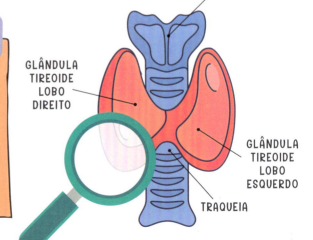

LARINGE
GLÂNDULA TIREOIDE LOBO DIREITO
GLÂNDULA TIREOIDE LOBO ESQUERDO
TRAQUEIA

89 — HORMÔNIOS EM ALERTA...

As **glândulas adrenais** produzem diversos hormônios, incluindo o **cortisol** e a **adrenalina**, que ajudam o organismo a reagir ao estresse. Quando sentimos medo ou percebemos um perigo, a adrenalina impulsiona o corpo a **reagir**: o coração bate mais rápido e os músculos recebem mais energia para fugir!

90 — AS CÉLULAS TAMBÉM TÊM FOME

O **pâncreas** produz **insulina** e **glucagon**, dois hormônios que mantêm o equilíbrio adequado de **glicose** (açúcar) no sangue e fornecem energia às células. Se os níveis de açúcar estiverem muito altos, pode-se desenvolver diabetes.

91 O SISTEMA REPRODUTIVO
A origem da vida

A **reprodução** permite a criação de um novo indivíduo a partir da união de duas células: uma proveniente da mulher e outra do homem. Ao se fundirem, essas células originam uma **nova** que se multiplicará e se desenvolverá para formar um bebê. Nada de cegonhas (ou repolhos) nesta história!

92 O CRESCIMENTO E A PUBERDADE

> Entre os 10 e os 14 anos de idade, ocorrem grandes mudanças!

A puberdade é o período em que o corpo de meninos e meninas começa a se transformar gradualmente, tornando-se mais semelhante ao de um adulto. Durante esse período, inicia-se, nos meninos, a produção de **espermatozoides**, e nas meninas, ocorre o amadurecimento dos **óvulos**. Ambos os sistemas reprodutivos tornam-se, então, ativos.

| BEBÊ | CRIANÇA | ADOLESCENTE | ADULTO |

93 UMA METAMORFOSE ALIENÍGENA?

Se você se olhar no espelho e não se reconhecer mais, não pense que está se transformando em um alienígena. Você apenas atingiu a puberdade! Meninos e meninas passam por mudanças, e não somente de altura! Meninos desenvolvem **barba** e **bigode**, sua voz fica mais grave (levará algum tempo para ela se ajustar e, às vezes, pode até soar estridente!), passam a transpirar mais (exalando um forte odor!), e começa sua batalha contra as espinhas. Já as meninas desenvolvem curvas, e seus **seios** e **quadris** crescem. Elas também passam a ter um **ciclo menstrual**: um evento mensal no qual o óvulo não fertilizado é expelido por meio de sangramento.

94 AS MONTANHAS-RUSSAS DO HUMOR

As **mudanças de humor** tornam as coisas mais complicadas durante a puberdade. É como estar em uma montanha-russa! Você está feliz e então, de repente, você se sente triste ou fica com raiva. Saiba que você tem autorização para culpar os **hormônios**! São eles que fazem você se sentir assim. Mas não se preocupe, isso vai passar! **Tudo faz parte de uma jornada maravilhosa que leva à vida adulta.**

95 — O SISTEMA REPRODUTIVO MASCULINO

O aparelho reprodutor masculino é externo e formado pelos **testículos**, duas glândulas que produzem as células sexuais masculinas (espermatozoides) e a **testosterona**, o hormônio que regula o desenvolvimento sexual. Os **espermatozoides** se misturam com uma substância nutritiva chamada **líquido seminal** (ou esperma). O **pênis** permite a passagem do esperma, assim como da urina.

CURIOSIDADE

Os desequilíbrios hormonais da adolescência levam a um aumento de SEBO (ou seja, gordura) na pele, que se inflama e causa ACNE (ou seja, espinhas).

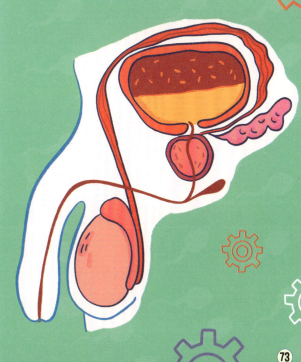

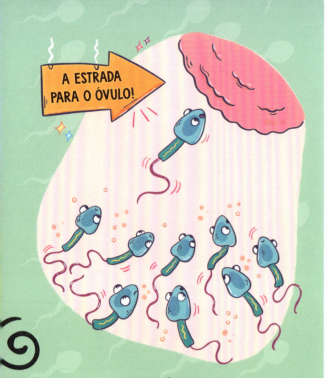

A ESTRADA PARA O ÓVULO!

97 A MÁQUINA DA VIDA

O aparelho reprodutor feminino está localizado dentro do corpo. É composto pelos **ovários**, pelo **útero**, pelas **trompas de Falópio** e pela **vagina**. Os ovários, que produzem os óvulos, ou seja, as células sexuais femininas, estão conectados ao útero pelas trompas de Falópio. O útero está ligado à vagina. Após a fecundação, uma nova vida se desenvolverá dentro do útero.

96 MILHÕES DE CONCORRENTES, APENAS UM VENCEDOR!

Os **espermatozoides** são produzidos nos testículos. Eles têm uma cabeça e uma cauda que os ajudam a se moverem no líquido seminal, onde estão imersos. O **pênis** permite a expulsão do líquido, que fertiliza o **óvulo** do aparelho genital feminino, passando por um canal chamado **uretra**. Dos 200-300 milhões de espermatozoides contidos no líquido, apenas **um** consegue fertilizar o óvulo!

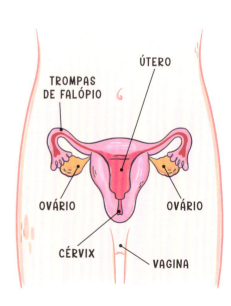

98 ENCONTRO MENSAL

Os ovários contêm numerosos **folículos**, que são cavidades onde os óvulos se desenvolvem. A **cada mês**, um dos folículos se rompe e libera um óvulo maduro, pronto para ser fecundado. Esse processo é chamado de **ovulação**.

99 ONDE O MILAGRE ACONTECE

O **útero** é o órgão que acolhe o **óvulo fecundado** e permite o seu desenvolvimento até o final da **gravidez**. Possui uma parede espessa e muscular e, durante a gestação, é capaz de aumentar até 20 vezes o seu tamanho original para se adaptar ao bebê que está crescendo.

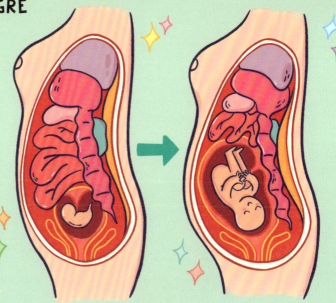

100 DE UMA ÚNICA CÉLULA A UM BEBÊ!

A **reprodução** é o processo que dá origem a um novo ser humano, graças à **união do óvulo e do espermatozoide**. Essa união, ou seja, a fertilização, ocorre nas trompas de Falópio. A célula formada pela fertilização (**zigoto**) começa imediatamente a dividir-se em duas, depois em quatro, depois em oito e assim por diante, criando um grupo de células que desce até o útero. Cerca de 6 ou 7 dias depois, as células se implantam lá, continuando a crescer até o **momento do parto**.

E quanto às fezes? O primeiro cocô do bebê acontece somente após seu nascimento e é chamado de MECÔNIO.

VOCÊ SABIA?

A partir da décima terceira semana de gravidez, o feto começa a fazer xixi! Toda a urina que ele produz vai parar no LÍQUIDO AMNIÓTICO, onde o bebê nada durante toda a gestação. Parece nojento para você? Na verdade, é um sinal de que o bebê está SAUDÁVEL!

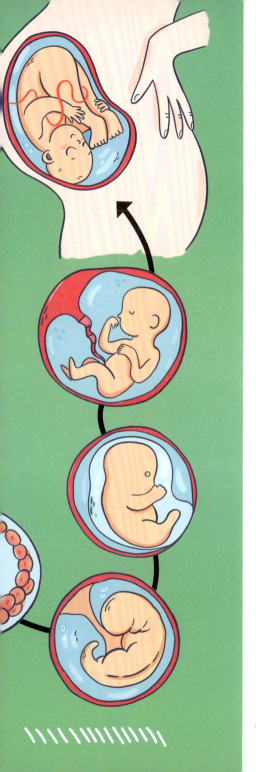

 MESES DE UMA ESPERA EMOCIONANTE

São necessárias entre **37 e 42 semanas** para que o bebê se desenvolva no útero da mãe. No início, ele é do tamanho de um feijão, mas, ao longo das semanas, a cabeça, os braços e as pernas começam a se formar. Depois, ele começa a ouvir a voz da mãe e os sons do mundo exterior. Às vezes, o bebê até tosse e pode ter soluços! Do seu estômago parte o **cordão umbilical** que chega à **placenta**, um órgão da mãe que lhe fornece comida e oxigênio. Quando está pronto para nascer, o útero se contrai e empurra o bebê para fora.

ÍNDICE

O CORPO HUMANO 4

O CÉREBRO E O SISTEMA NERVOSO 10

OS CINCO SENTIDOS E A PELE 16

O SISTEMA LOCOMOTOR 26

O SISTEMA RESPIRATÓRIO 36

O SISTEMA CARDIOVASCULAR 40

O SISTEMA DIGESTIVO 46

OS SISTEMAS DE DEFESA DO CORPO 58

O SISTEMA REPRODUTIVO
E O NASCIMENTO 70